우리 아버지는 건축사예요.

아버지는 우리 나라의 산업을 발전시키는 일꾼이지요.

우리 삼촌은 마을 병조림 공장에서 일해요.

우리 삼촌도 우리 나라의 산업을 발전시키는 일꾼이에요.

일하는 모든 사람들이 산업을 발전시키고 있지요.

제 꿈은 우주 비행사예요.

여러분도 꿈을 꾸고 있지요?

앞으로 어른이 되어 우리 나라 산업을

발전시키는 든든한 일꾼이 되어요.

자연 지리 감수_ 송언근

경북대학교 학부와 대학원에서 자연지리와 지리교육을 전공하고 박사 학위를 받았습니다. 뉴질랜드 크라이스트처치 교육대학 연구 교수로 활동하였으며, 지금은 대구교육대학교 사회교육과 교수로 있습니다. 쓴 책과 옮긴 책으로는 〈지리로 읽는 대구 이야기〉, 〈교육 연구의 질적 접근〉, 〈교육적 질문하기〉, 〈초등지리 교육론(공역)〉 등이 있습니다. 논문으로는 〈그림지도에서 수준별 교수·학습과 수행평가의 관계 구성〉, 〈지리교육에서 지형교육의 의미와 방향〉 등이 있습니다.

인문 지리 감수_ 서태열

서울대학교 학부와 대학원에서 지리교육을 전공하고 교육학 박사 학위를 받았습니다. 미국 텍사스주립대학에서 방문 교수로 활동하였으며, 지금은 고려대학교 지리교육과 교수로 있습니다. 제7차 사회과 교육과정 개정위원 및 초등 사회 교과서 집필위원, 한국교육과정평가원 자문위원 등을 지냈으며, 지금은 교육인적자원부 사회과 교육과정 심의위원, 한국사회과교육연구학회 부회장, 한국지리환경교육학회 부회장, 고려대학교 교과교육연구소장을 맡고 있습니다. 쓴 책과 옮긴 책으로는 〈지리교육학의 이해〉, 〈위성에서 보는 한국 아틀라스〉, 〈세계화 시대의 세계지리 읽기〉, 〈초등지리 교육론(공역)〉 등이 있습니다.

지구촌 감수_ 옥한석

서울대학교 학부와 대학원에서 지리학을 전공하고 박사 학위를 받았습니다. 한국사진지리학회장, 교육자료개발원장, 미국 워싱턴대학 방문 교수로 활동하였습니다. 지금은 한국지역지리학회 부회장 및 강원대학교 지리교육과 교수로 있습니다. 쓴 책으로는 〈세계화 시대의 세계지리 읽기〉 등이 있으며, 논문 〈생활 중심 교수 학습·모형의 설계와 적용〉과 〈학생의 일상적 개념을 활용한 지리 학습 동기 유발 방안 연구〉는 교육 현장의 주요 연구 사례로 평가받고 있습니다.

생활 문화 감수_ 남경희

일본 쓰쿠바 대학원에서 사회교육학을 전공하고, 교육학 박사 학위를 받았습니다. 제7차 초등 사회 교과서를 집필한 바 있으며, 한국사회과교육연구학회 회장, 서울교육대학교 발전기획단장 등으로 활동하였으며, 지금은 서울교육대학교 사회교육과 교수로 있습니다. 쓴 책으로는 〈사회과 교수·학습론〉, 〈현대 사회과 교육〉, 〈붕어빵 학교 753교실〉 등이 있습니다.

사회 생활 감수_ 서이종

서울대학교 학부와 대학원에서 사회학을 전공하고, 독일 베를린자유대학에서 박사 학위를 받았습니다. 서울대학교 중앙전산원 부원장으로 활동하였으며, 지금은 서울대 정보사회포럼을 맡고 있고, u클린 운동 추진위원장으로도 활동하고 있으며, 서울대학교 사회학과 교수로 있습니다. 쓴 책으로는 〈과학 사회 논쟁과 한국 사회〉, 〈한국 사회의 위험과 안전〉, 〈인터넷 커뮤니티와 한국 사회〉, 〈한국 벤처기업가 벤처기업가 정신〉, 〈사이버 시대의 사회 변동〉, 〈지식정보사회의 이론과 실제〉 등이 있습니다.

민주 정치 감수_ 장훈

서울대학교 학부와 대학원에서 정치학을 전공하고, 미국 노스웨스턴대학교에서 박사 학위를 받았습니다. 한림대학교 정치외교학과 교수, 한국정치학회 상임이사로 활동하였으며, 지금은 중앙대학교 정치외교학과 교수로 있습니다. 쓴 책으로는 〈경제를 살리는 민주주의〉, 〈한국의 자유민주주의〉 등이 있습니다.

글_ 이영림

대학을 졸업한 뒤 어린이책 전문 출판사에 다니며 오랫동안 어린이책 만드는 일을 하였습니다. 그림책, 역사책, 인물 이야기 등 여러 책을 만들었습니다. 오늘도 어린이를 즐겁게 할 책을 궁리하며 어린이에게 가까이 다가서려고 노력하고 있습니다. 〈돼지가 아름다워〉, 〈마못〉, 〈우드척〉, 〈수박〉 등을 우리말로 옮기는 일을 하였습니다.

그림_ 김종민

대학에서 철학과 서양화를 공부하고 서울시립대학교 대학원에서 일러스트레이션을 공부했습니다. 어린이들을 위한 좋은 그림을 그리기 위해 노력하고 있습니다. 그린 책으로는 〈오봉산의 불꽃〉, 〈구두장이와 악마〉, 〈사냥꾼 키쉬〉, 〈주목나무 공주〉, 〈백성을 깨우친 임금, 세종 대왕〉, 〈멀리 더 빠르게〉 등이 있습니다.

똑똑한 사회탐구 ㉟ 사회 생활 | 산업의 발달 복숭아 병조림과 백화점

펴낸이 박희철 | 펴낸곳 한국헤밍웨이 | 출판등록 제406-2013-000056호 | 주소 경기도 성남시 분당구 금곡동 444-148 | 대표전화 031-715-7722 | 팩스 031-786-1100

기획·편집 오영호 이미경 황인옥 김경란 | 아트디렉터 유정미 | 디자인 박희경 이혜희 박민경 | 사진진행 시몽포토에이전시

사진출처 34 농업_시몽포토에이전시 | 34 수산업_시몽포토에이전시 | 34 임업_시몽포토에이전시 | 35 광업_시몽포토에이전시 | 35 건설업_시몽포토에이전시 35 금융업_시몽포토에이전시 | 35 호텔 서비스업_중앙포토 | 36 제임스 와트가 발명한 증기 기관_이미지클릭 | 37 1960년대 주요 산업_중앙포토 37 1970년대 주요 산업_시몽포토에이전시 | 37 1980년대 주요 산업_중앙포토 | 37 1990년대 주요 산업_중앙포토 | 37 금모으기_중앙포토

복숭아 병조림과 백화점

글 이영림 | 그림 김종민

한국헤밍웨이

아버지는 든든한 산업 일꾼

아버지는 오늘도 설계도를 그리고 계세요. 우리 집 옆에 멋진 새 집을
지을 거예요. 나는 건축사로 일하시는 아버지가 자랑스러워요.
내가 종이 모형 집을 지으려고 설계도를 그릴 때 잘 도와 주세요.
또 우리 마을의 문화 회관처럼 멋진 건물의 설계도를 보여 주면서
커다란 건물이 어떻게 지어지는지도 설명해 주세요.
어머니는 아버지가 우리 가족의 행복을 위해 열심히 일하고,
우리 나라 산업*을 발전시키는 든든한 일꾼이라고 말씀하세요.
아버지가 설계한 집이나 건물이 잘 되었다며 사람들이 칭찬할 때면
나는 아버지가 더욱 자랑스러워요.

*산업 먹을거리를 생산하거나 물건을 만들기 위해 벌이는 모든 것을 산업이라고 합니다.
 쌀을 생산하는 것, 통조림을 만드는 일, 멋진 건축물을 설계하는 일도 산업이에요.

untitled titles

주말 농장에서 채소를 가꾸어요

주말에 우리 가족은 마을 농장에 갑니다. 벌써 고춧대가
기다랗게 자랐어요. 나는 어머니와 함께 고춧대에 긴 막대기를 세워
끈으로 묶었어요. 가늘고 약한 고춧대가 쓰러지지 않게 하려고요.
센 바람이 몰아치거나 고추가 많이 열리면
고춧대가 견디지 못하고 쓰러질 때가 많거든요.
우리 가족은 농약을 치지 않고 채소를 기릅니다. 농약이 잔뜩 묻은
채소를 먹고 싶지 않거든요. 가끔씩 채소 이파리에 붙은 벌레를 잡아요.
농약을 치지 않으면 자연히 땅이 기름지게 되어 채소가 잘 자라요.
농장 주인 아저씨는 조상 대대로 물려받은 땅에서 농사를
지어 왔다고 합니다. 넓은 과수원도 운영하고 있고요.

자연을 이용하는 생활

사람들은 자기가 사는 곳의 자연 환경을
이용하여 생활에 도움을 얻습니다. 주말 농장에서
채소를 기르고 과수원에서 복숭아를 따는 일도
자연을 이용하는 거예요. 채소나 과일 나무는
주로 지대가 낮고 평평한 들에 재배해요. 들에서는
식량이 되는 곡식도 재배해요. 들에서 곡식이나
채소를 가꾸는 일을 농업이라고 해요.
농업은 1차 산업이에요.

10

시장에서 팔리는 복숭아

농장 주인 아저씨네 과수원에 복숭아가 탐스럽게 익었어요.

아저씨는 마을 사람들을 불러 복숭아를 땁니다.

나도 삼촌과 함께 복숭아 따는 일을 거들어요.

삼촌이 딴 복숭아를 받아 하나 둘 바구니에 담지요.

농장에서는 맛 좋고 잘생긴 복숭아를 골라 포장합니다.

포장 상자에 담긴 복숭아는 멀리 시장으로 팔려 가지요.

나는 껍질이 벗겨진 복숭아 하나를 씻어 한 입 베어 뭅니다.

잘 익은 과일 살이 부드러워 씹기에도 그만이에요.

맛은 어떻고요. 다디단 꿀맛이에요.

맛은 있지만 껍질이 찢기거나 상처가 난 복숭아는 어떻게 할까요?

이런 복숭아는 마을 가까이에 있는 병조림 공장으로 팔려 가요.

복숭아 병조림을 만드는 공장 말이에요.

12

맛좋은 병조림이 된 복숭아

삼촌은 병조림 공장에서 일해요. 공장에 설치된 기계와 장비를
살피는 일을 해요. 나는 공장의 넓은 마당에서 노는 게 참 좋아요.
놀다가 가끔 아주머니들 심부름도 해 준답니다.
마을 아주머니들이 병조림 공장에서 일하거든요. 아주머니들은
우리 고장에 병조림 공장이 있으니 일도 하고 집안 살림에도 보탬이 되어
좋다고 말해요. 여기서 만든 복숭아 병조림은 맛좋기로 소문났어요.
내가 딴 복숭아가 맛좋은 병조림이 되어 우리 나라 곳곳에 팔린다니
생각만 해도 어깨가 으쓱거려요.
복숭아 병조림이 아주아주 많이 팔려서
마을 사람들의 살림살이가 나날이 좋아지면 좋겠어요.

복숭아 병조림이 만들어지기까지

원료 준비, 씻기, 조리, 병에 담기, 조리액 채우기, 공기 빼기,
밀봉, 살균, 냉각, 검사, 포장하기의 순서로 작업을 합니다.
만드는 과정에서 분업을 하면 생산성이 높아집니다.
상품을 더 많이 더 빠르게 만들어 낼 수 있어요.
작업 단계를 나누어 맡아 한 가지 일을 전문으로 하니까
더욱 기술이 좋아져요.

여러 사람이 나누어 일해요

병조림 공장에서 마을 아주머니들은 여러 가지 일을 해요.

복숭아를 씻고 껍질을 벗긴 다음 서너 조각으로 잘라 놓아요.

복숭아가 아무리 달고 맛있어도 그대로 병에 담지는 못해요.

맛을 오래 간직하기 위해서 조리를 해야 해요.

마치 음식에 양념을 하는 것과 비슷해요.

공장에서는 여러 사람이 저마다 맡은 일을 해요.

자동 기계로 복숭아 병조림을 완성하지만 각 단계마다 사람들이

점검을 해야 해요. 여러 사람이 나누어 일하니 더 많이, 더 빨리

복숭아 병조림을 만들어 낼 수 있습니다. 이렇게 한 공장 안에서

여러 사람이 일을 나누어 맡아 상품을 생산하는 것을 분업이라고 해요.

산업을 발전시키는 일꾼, 일하는 아저씨들

상자에 넣어 포장된 복숭아 병조림은 트럭에 실려 나가요.

기차도 복숭아 병조림 상자를 싣고 달려가요. 모두 어디로 가냐고요?

우리 나라 곳곳에 있는 큰 상점으로 실려 가지요.

트럭을 운전하는 기사 아저씨가 신이 나요. 기차를 운전하는

기관사 아저씨도 즐거워요. 일하는 아저씨들 모두 즐겁답니다.

트럭을 운전하는 아저씨도, 기차를 운전하는 기관사 아저씨도

우리 나라 산업을 발전시키는 든든한 일꾼이랍니다.

은행 일도 산업의 한 분야

오늘은 삼촌이 월급을 받는 날이에요.
한 달 동안 열심히 일한 대가를 받는 날이지요.
삼촌은 나를 데리고 마을 은행에 왔어요.
은행에서 일하는 누나가 친절하게 인사를 합니다.
삼촌은 자동 인출기에서 돈을 뺍니다.
그 돈으로 옷도 사고 먹을 것도 살 거예요.
내게도 맛있는 음식을 사 줄 거고요.
나는 그 동안 모은 용돈을 저금합니다.
은행 일을 보는 누나가 늘 내 통장을 받아 줍니다.
누나는 은행에서 하는 일도 산업의 한 분야라고
말합니다. 내 용돈을 맡아 이자를 붙여 주고,
내가 필요할 때 내주는 것과 같은 일도 나라 경제를
움직이는 데 아주 중요하다고 해요.

입·출금·온라인
43
입·출금·온라인
42
Rank/Song
Band dy Marmalade Lil' Kim, Mya, Pink,
1 뽕짝 이야기 드렁큰 타이거 t's Get Dirty
2 어기야 디여차 45rpm For You Jane
Me Blow Ya Mind

19

백화점에서 파는 산업 제품

- 1차 산업 제품 : 쌀, 채소, 과일, 조기, 고등어 등과 같이
  자연에서 그대로 생산한 상품이에요.
- 2차 산업 제품 : 국수, 복숭아 병조림, 오렌지 주스, 화장지, 옷, 신발,
  디지털 카메라 등과 같이 1차 산업 제품을 원료로 가공 과정을 거쳐
  생산한 상품이에요.

여러 가지 물건을 손쉽게 구하는 백화점

삼촌과 나는 이웃 도시에 있는 백화점에 왔어요.
백화점에는 여러 가지 물건이 많아요. 먹을거리인 쌀, 채소, 과일, 조기,
고등어 따위가 있어요. 이런 것들은 자연에서 그대로 생산한 상품이라고
삼촌이 알려 줍니다. 백화점에는 우리 마을에서 생산한 복숭아 병조림도
있어요. 삼촌은 내게 선물로 소형 디지털 카메라를 사 주었어요.
아무튼 백화점에는 없는 게 없는 거 같아요. 백화점이 있어 우리는
편리하게 물건을 살 수 있어요. 우리 마을 슈퍼마켓도 마찬가지고요.
생활에 필요한 여러 가지 물건을 손쉽게 구할 수 있거든요.

인터넷으로 편지를 주고받아요

나는 디지털 카메라로 우리 마을 풍경을 찍었어요. 병조림 공장 마당에
있는 커다란 은행나무도 찍었어요. 지금은 이 사진들을 우리 집 컴퓨터에
저장하는 중이에요. 아버지가 공을 차며 웃는 모습이 보이지요?
이렇게 컴퓨터로 사진을 다시 볼 때마다 정말 신기해요.
앗, 아버지께 전자 우편이 왔어요!
아버지께서 휴대 전화를 끊고 컴퓨터 앞에 앉았어요.
큰아버지 댁에 한번 다녀가라는 전자 우편이었어요.
이처럼 인터넷을 통하여 정보를 바로 주고받으니
멀리 있는 친척이 아주 가까이 있는 거 같아요.

서진이 아범 보아라.
지난번에 보내 준 복숭아 병조림 고맙게 먹었다.
맛이 참 달고 좋더구나.
내년 봄에는 대나무 축제에 맞춰
한번 다녀가거라. 식구들끼리 대나무 숲에 가서
산책도 하고 이 곳 특산물로 만든 음식도
함께 먹자꾸나.

첨단 기기를 이용하면 편리해요

오늘은 기차를 타고 큰아버지 댁에 가는 날이에요.

아버지의 카드를 승차권 자동 발매기에 넣었더니 기차표가 나왔어요.

예전보다 여유가 있고 편리해요. 떠나는 날 표 파는 곳에서

직접 돈을 내고 사면 허둥댈 때가 많았거든요.

기차표를 자동 개찰구에 넣고 우리는 플랫폼으로 갑니다.

개찰구가 있는 3층에서 기차가 들어오는 플랫폼까지는

에스컬레이터*를 타고 내려갑니다.

컴퓨터, 자동화 기기, 에스컬레이터*를 만드는 일을

첨단 산업이라 한다고 아버지께서 말씀하셨어요.

여러 사람이 힘을 보태고 잘 도와 가며 일해야

단 한 가지 실수도 없는 기기를 만들 수 있지요.

*에스컬레이터 사람이나 화물이 자동으로 오르내릴 수 있게 계단 모양으로 만든 장치. 흔히 자동 계단이라고도 해요.

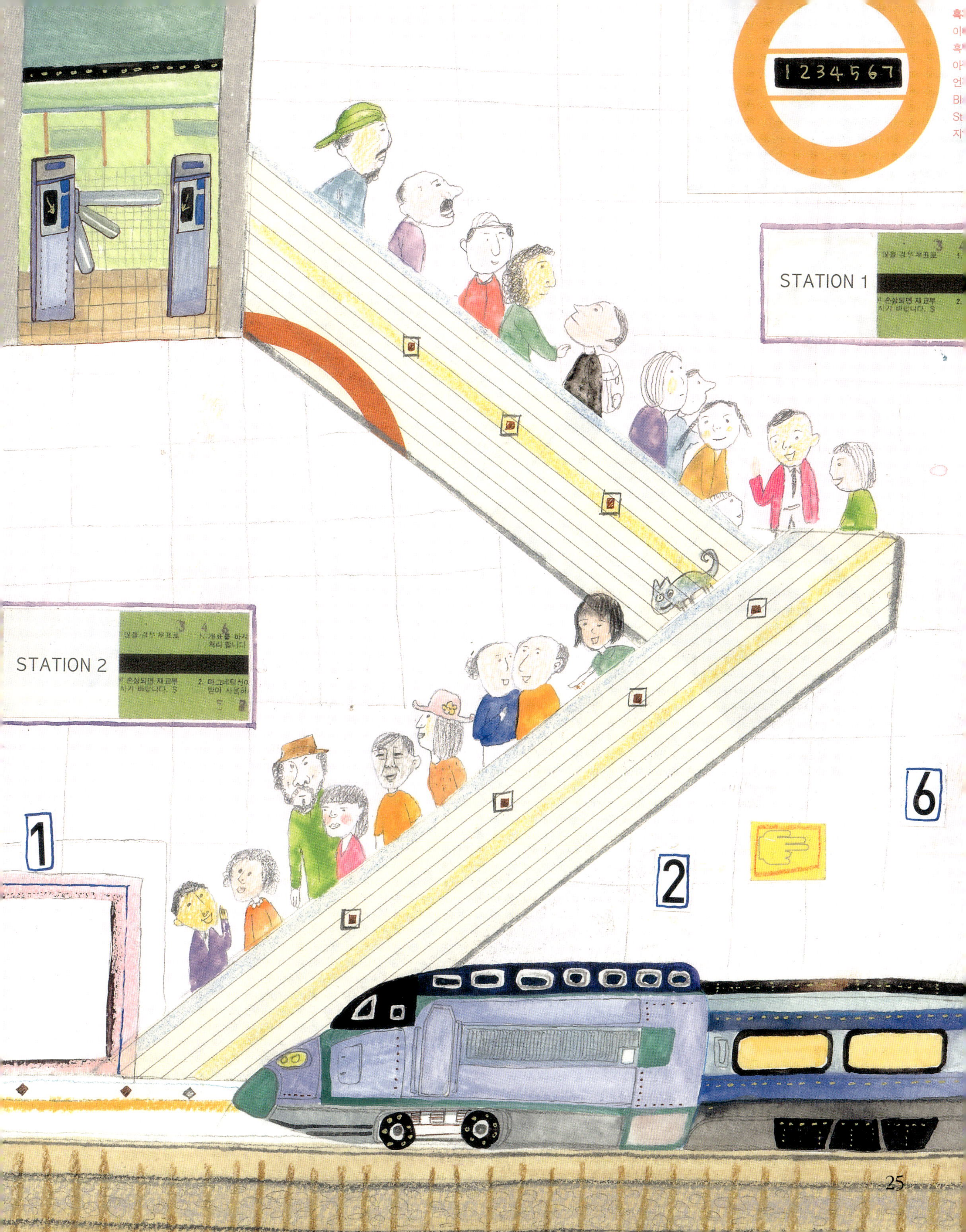

1234567
STATION 1
STATION 2
1
2
6
25

휴양림 운영도 산업이에요

큰아버지 댁에 도착한 다음 날, 우리는 먼저 전나무가 빽빽이 우거진
숲으로 갔어요. 이 지방에서 운영하는 전나무 휴양림이에요.
큰 도시에서 많은 사람이 찾아와 피로를 씻고
쉬었다 가는 곳이랍니다. 우리도 긴 의자에 몸을 뉘었어요.
사람들 건강에 도움이 되고 편히 쉴 수 있도록
소나무 휴양림을 마련해 사업을 벌이는 것도 산업의 한 종류입니다.
이런 산업을 서비스 산업, 또는 3차 산업이라 한다고
삼촌이 알려 주었어요.

지역 특산물, 죽제품

오후에 우리는 대숲에 갔어요. 키 높은 대나무 사이로 비치는 햇빛이
무척 아름다워요. 사각거리는 댓잎 사이로 불어 오는 바람도 시원하고요.
이 지역 특산물이 바로 죽제품이에요. 이 곳에서는 해마다
대나무 축제를 열어 특산물을 알리고 죽제품을 전시해요.
우리는 대나무 특산품 전시회에 갔어요. 모두 대나무를 엮거나 깎아 만든
죽제품이에요. 큰아버지 댁에서 손수 만든 죽제품도 있었어요.
대숲 주변에 사는 사람들은 옛날부터 죽제품을 만들며 살아왔어요.
주로 자기 집에서 만들어 시장에 내다 팔았답니다. 하지만 요즘에는
기계로 만든 값싼 제품이 많아 예전보다 많이 팔리지는 않아요.
그래도 직접 손으로 만든 제품을 좋아하는 사람들한테는
여전히 인기가 좋아요.

예로부터 내려오는 전통 수공업

재래 공업은 그 지방에서만 나는 특산물에 따라 다르게
발전해 왔습니다.
- 담양 죽제품 : 대나무로 만든 것이라면 없는 게 없을
  정도로 다양한 제품을 만들었습니다.
- 남원 목기 : 나무로 만든 그릇. 주로 제사 지낼 때 써요.
- 안성 유기 : 놋쇠 그릇을 만드는 공업으로 '안성맞춤'이란
  말이 생길 정도로 최고 품질을 자랑하였습니다.
- 전주 한지 : 닥나무로 만드는 한지와 부채가 유명합니다.
- 한산 모시 : 여름철 옷감으로 사랑받는 흰 빛깔 모시가
  품질 좋기로 유명합니다.
- 통영 나전 칠기 : 고급 장농이나 문갑 또는 화장대 같은
  칠기 공업은 통영을 따라갈 곳이 없습니다.
- 안동포 : 안동에서 만드는 삼베는 우리 나라에서
  최고입니다.

1990년대 수입품 : 원유, 가스, 석유 제품 등
2000년대 수출품 : 자동차, 반도체, 무선 통신 기기, 선박 등
2000년대 수입품 : 원유, 가스, 석유 제품 등

나라끼리 물건을 사고 팔아요

대나무 특산품 전시회에 온 외국 사람 몇몇이 대나무 부채를 샀어요.
가족이나 친구들에게 줄 선물인가 봐요. 화려하게 대나무를 엮어 만든
대자리도 인기 있다고 해요.
우리 나라에서 만든 여러 생산품은 다른 나라에도 팔려요.
중국, 일본을 비롯하여 유럽의 여러 나라, 미국 등과 같은 나라예요.
우리 나라에서도 산업 제품을 만들 때 부족한 물건을 사들여요.
이렇게 나라끼리 물건을 사고 파는 것을 무역이라고 합니다.

언제부터 우리 나라를 코리아로 불렀을까?

아주 오랜 옛날부터 우리 조상들은 다른 나라와 서로 왔다 갔다 하며
무역을 했어요. 주로 중국이나 일본과 했어요. 신라 시대에 바다 무역을
주름잡던 장보고는 중국과 일본을 왔다 갔다 하며 우리 나라의 무역을
발전시켰어요. 고려 시대에는 중국과 주변 나라들뿐만 아니라
동남 아시아와 멀리 아라비아 상인들이 드나들었어요. 아라비아 상인들은
이 때부터 고려를 '코리아'로 부르며 유럽 여러 나라에 알렸어요.

EMOTION

나도 산업 일꾼이 될 거예요

여행에서 돌아오자마자 나는 큰아버지께 여행 사진을 보내 드렸어요.
물론 인터넷으로 보냈어요. 나는 인터넷을 통해 우리 나라 산업에
대한 정보를 보았어요. 여러 가지 정보를 보면 이것도 하고 싶고
저것도 하고 싶어요. 그렇지만 한 가지는 분명해요.
내 꿈은 우주 비행사라는 거예요. 우주 비행사가 되려면 새로운
산업 분야에 대해서도 많이 알아야겠지요? 로켓이나 인공 위성을
개발하는 일 같은 첨단 산업에 대해서요.
이제 인터넷에 내 홈페이지를 만들고 우주 비행사가 되기 위한 정보를
모아야겠어요. 우주 비행사가 되어 우주 개발에 앞장서는 것도
우리 나라 산업을 발전시키는 일이 될 거예요.

깊이보기

세계 모든 나라 사람들이 여러 산업 분야에서 일하고 있습니다. 산업이란 무엇일까요?
초등 사회 교과에서는 3학년 2학기 '고장 생활의 중심지', 4학년 1학기
'주민 참여와 우리 시·도의 발전', 6학년 1학기 '우리 국토의 모습과 생활'에서
산업의 발달을 다루고 있습니다.

▲ **농업** 땅을 이용해 곡식, 채소, 과일 등 인간 생활에 필요한 식물을 기르고 수확하는 일입니다. 우리 나라는 1949년까지만 해도 대다수의 국민이 농업에 종사했지만, 1980년대 이후 농업 인구가 급속히 줄어들었습니다.

▲ **수산업** 바다나 강에서 생선이나 조개류, 미역 등을 잡거나 양식하는 일입니다. 이렇게 채취한 수산물의 제조와 가공도 포함됩니다.

▲ **임업** 산림을 유지·조성하는 것을 포함하여, 산림에서 얻을 수 있는 나무, 버섯, 산나물, 약초 등을 채취하거나 기르는 일입니다.

우리가 살아가는 데 필요한 물건이나 재화를 만들어 내는 일을 생산이라고 합니다. 생산하기 위해 벌이는 모든 활동을 산업이라고 해요. 우리 나라 사람들뿐만 아니라 세계 모든 나라 사람들이 여러 산업 분야에서 일하고 있어요. 쌀을 생산하는 것도 산업, 바다에서 참치를 잡는 것도 산업, 자동차를 만들어 내는 일도 산업, 컴퓨터를 생산하는 것도 산업, 탤런트가 텔레비전 연속극에 나와 연기하는 일도 산업에 속합니다. 산업에는 어떤 종류가 있으며, 어떻게 발전해 왔을까요?

산업에는 어떤 종류가 있을까요

우리 나라에는 여러 가지 산업이 있어요. 우리 나라에서 생산하는 물건이나 서비스 종류는 아주 많아요. 그 만큼 산업이 다양하고 복잡해졌고요. 이렇게 다양한 산업이라도 몇 가지로 구분해서 말할 수 있어요.

1차 산업

1차 산업은 토지와 자연 환경을 직접 이용하여 필요한 물자를 생산하는 산업이에요. 우리 나라 사람들이 주된 식량으로 하고 있는 쌀을 생각해 보세요. 쌀은 농부가 땅에 씨를 뿌리고 기른 뒤 자연 그대로 얻은 것이에요. 잘 익은 벼를 수확하여 사람들에게 팔지요. 또 생선을 생각해 보세요. 제주도에서 어부가 잡아 올린 갈치는 산 채로 또는 얼린 채로 소비자에게 팔리지요.

1차 산업의 종류

농업	땅을 이용해 곡식, 채소, 과일 따위를 생산하는 일이에요.
임업	산을 이용해 나무, 버섯, 산나물, 약초 따위를 기르는 일이에요.
수산업	멸치, 오징어, 조개, 미역 등 바다나 강에서 사는 생물을 잡거나 길러요.
축산업	소, 돼지, 닭, 오리 따위의 가축을 기르는 일이에요.

2차 산업

2차 산업은 1차 산업에서 얻은 생산물과 천연 자원을 가공하여 우리 생활에 필요한 물건이나 에너지를 생산하는 산업이에요. 2차 산업에는 광업, 공업, 건설업 따위가 있어요.

광업은 우리가 생활하는 데 필요한 자재, 연료 따위를 제공해 주는 산업이에요. 철, 구리, 납, 아연, 시멘트, 석탄, 흑연 따위의 지하 자원을 캐내는 일이지요. 예를 들어 철을 만들려면 먼저 땅 속에 묻혀 있는 철광석을 캐고, 여러 가지 복잡한 과정

을 거쳐 철광석에서 철 성분을 빼야 해요. 자연 그대로를 이용하지 않고 몇 가지 과정을 거쳐 물건을 만들기 때문에 광업을 2차 산업이라고 해요.

공업은 자연에서 얻은 생산물을 원료로 하여 가공하는 산업이에요. 1차 산업과 광업, 또는 다른 공업에서 생산되는 원료로 새로운 생산품을 만들어 내는 것이에요. 공업은 2차 산업에서 가장 큰 비중을 차지해요. 가내 수공업, 경공업, 중공업, 석유 화학 공업, 첨단 산업 등 종류도 여러 가지이지요.

건설업은 주택, 회사, 공공 건물 따위를 짓는 일이에요. 또 다리, 항구, 댐과 같이 우리 생활에 필요한 시설을 만드는 산업으로, 2차 산업에 들지요.

2차 산업의 종류

광업	철, 구리, 납, 석회석 등 지하 자원을 캐냅니다.
건설업	주택, 상가 등 건물과 다리, 항구, 댐 등의 시설을 만듭니다.
경공업	옷, 신발, 과자 따위의 무게가 적게 나가는 물건을 만듭니다.
석유 화학 공업	페인트, 화학 섬유처럼 석유와 화학 재료를 이용하여 만듭니다.
중공업	자동차, 기차, 배 따위의 무게가 많이 나가는 물건을 만듭니다.
전자 공업	전자 제품을 만듭니다.
첨단 산업	반도체, 정보 통신, 우주 장비 등 높은 기술이 필요한 분야입니다.
가내 수공업	규모가 그리 크지 않은 수공업이며 손으로 직접 만듭니다.

3차 산업

3차 산업은 싱품 판매 또는 서비스를 제공하는 산업이에요. 상업, 운송업, 통신업과 같이 물건을 만드는 데 도움을 주거나 생활을 편리하게 해 주는 산업이에요. 서비스 산업이라고도 하지요. 이·미용업, 관광업, 금융업, 정보 통신 서비스업도 서비스 산업이에요. 영화를 찍는 일도 3차 산업이랍니다.

▲ **광업** 지하 자원인 철, 구리 등의 광물을 캐내고, 캐낸 광석을 선별하고, 광석을 용광로에 넣고 녹여서 함유한 금속을 분리·추출하여 정제하는 등의 일입니다.

▲ **건설업** 토목이나 건축과 관련된 공사를 맡아 하는 일입니다. 학교, 주택, 상가 등 우리 생활과 밀접한 건물과 다리, 항구, 고속 도로, 댐 등 우리가 생활하는 데 꼭 필요한 시설을 만듭니다.

▲ **금융업** 금융업의 가장 대표적인 것은 은행업이고, 이 밖에도 신탁업, 증권업, 보험업 등을 포함합니다.

▲ **호텔 서비스업** 호텔은 숙소와 식음료 등 종합적인 서비스를 제공하고 그에 합당한 대가를 받습니다. 3차 산업인 서비스 산업에 속합니다.

앞으로 산업은 어떻게 변할까요

산업은 대체로 농업을 중심으로 한 1차 산업에서, 1차 산업의 생산물과 천연 자원을 가공하여 우리 생활에 필요한 물건이나 에너지를 만들어 내는 2차 산업으로 발전해 왔어요. 2차 산업은 다시 운송업, 금융업, 의료업 같은 3차 산업으로 발전했어요. 우리 나라뿐 아니라 세계의 발전된 나라들은 1차 산업보다 2차 산업이 많고, 2차 산업보다 3차 산업이 많은 산업 구조를 갖고 있어요.

앞으로 사회는 3차 산업의 비중이 더욱 커질 거예요. 우리 생활을 편리하게 하는 서비스 분야가 빠르게 늘어나고 정보의 가치가 더욱 중요해질 거예요. 또한 세계 여러 나라와 더 자주 정보를 나누고 경쟁할 거예요.

인류가 행복하게 살기 위해서 앞으로는 환경, 물, 자원, 인구, 교통 문제 따위를 잘 해결해야 한다고 사람들은 생각합니다. 우리가 발전시킬 산업도 환경을 보전하는 방향으로, 석탄이나 석유만이 아닌 물이나 바람 같은 자연 자원을 이용하여 에너지를 만들어 내는 방향으로 바뀌어야 하겠지요. 또 우리 나라도 사람의 수명이 늘어나서 젊은이보다 노인이 점점 많아져요. 노인도 일할 수 있는 산업을 일으켜야 할 거예요.

우리 나라 산업은 어떻게 변해 왔을까요

우리 나라는 1960년대 이전까지 1차 산업인 농업이 중심 산업이었어요. 1962년 이후 경제 개발 5개년 계획을 세워 본격적으로 경제 개발을 시작하였어요. 처음에는 섬유, 신발, 가발, 식품 따위의 경공업 제품을 생산하는 공장을 많이 세워 공업 발전의 기반을 다졌어요. 돈도 기술도 부족하여 돈이 적게 들고 간단한 기술로 물건을 생산할 수 있는 산업을 일으켰어요. 이와 더불어 시멘트, 비료, 정유 공장을 세우기 시작하였어요. 또 다른 산업을 발달시키는 데 꼭 필요한 도로, 항구, 전기 시설을 마련하여 산업 발전의 밑바탕을 다졌어요.

영국에서 시작된 산업 혁명

1760년 무렵부터 영국에서는 산업 분야에서 커다란 변화가 일어났어요. 놀랄 만한 기계가 발명되어 공업뿐만 아니라 사회, 경제 분야까지 큰 변화를 겪었어요. 이것을 영국의 산업 혁명이라고 해요.

당시 영국에서는 나라 안팎에서 면직물을 사려는 사람이 급격히 늘어나자 한꺼번에 아주 많은 양을 생산할 방법을 찾게 되었어요. 필요한 상품 수량에 맞게 기계를 발명하고 기계를 돌릴 동력을 개발하였어요. 실을 짜는 방적기와 옷감을 짜는 방직기를 개발하고, 적은 연료로도 강한 힘을 내는 증기 기관을 발명하여 대량 생산을 할 수 있게 되었어요. 공장마다 앞다투어 새 기계와 증기 기관을 설치하여 면직물을 대량 생산했어요. 이전의 가내 수공업 생산 방식이 공장제 기계 공업 방식으로 바뀐 것입니다. 생산량이 이전보다 비교가 안 될 만큼 어마어마하게 늘어났어요. 공장제 기계 공업은 면직물 공업뿐만 아니라 제철 공업, 기계 공업에도 커다란 혁신을 가져왔어요. 영국에서 시작된 산업 혁명은 다른 여러 나라에도 영향을 미쳐 거의 100년 동안 산업을 비롯하여 사회, 경제 등 여러 분야에서 커다란 변화를 일으켰어요.

▲ **제임스 와트가 발명한 증기 기관** 증기 기관은 증기가 가지는 열에너지를 기계적 에너지로 변환시키는 원동기입니다. 제임스 와트가 발명한 증기 기관은 오늘날 증기 기관의 기초를 구축했습니다.

▲ **1960년대 주요 산업** 우리 나라 1960년대에는 섬유 산업과 가발 산업 등이 발달했습니다. 섬유 산업은 천연 섬유나 인조 섬유를 이용해 옷감과 옷을 만드는 것입니다.

▲ **1970년대 주요 산업** 우리 나라 1970년대에는 중화학 공업, 조선 산업, 전자 공업, 제철 공업이 발달했습니다. 조선 산업은 배를 만드는 것으로 지금 우리 나라가 세계 1위입니다.

▲ **1980년대 주요 산업** 우리 나라 1980년대에는 자동차 공업과 정밀 기계 공업이 발달했습니다. 자동차 공업은 1980년대에 본격적인 생산을 하면서 세계 각국에 수출하게 되었습니다.

1970년대에 들어서서는 이전까지의 산업 발전을 바탕으로 석유·화학·조선·전자·제철 공업을 크게 일으켜 중화학 공업을 발전시켰어요. 석유·화학 제품을 만들어 내고, 세계가 인정하는 기술로 배와 자동차를 생산해 냈어요.

1980년대에는 자동차와 정밀 기계 공업이 크게 발달하였어요. 20년 동안 기울여 온 노력으로 자본과 기술이 좋아져 정밀하고 튼튼한 기계 제품을 생산해 내기 시작했어요. 1990년대 이후에는 정보화 시대에 발맞추어 컴퓨터와 반도체 산업을 크게 일으켰어요. 정보 통신과 항공기 등 첨단 산업이 발달하게 되었어요. 산업 구조는 더욱 크게 바뀌어 3차 산업 분야에서 일하는 사람이 크게 늘어났어요.

경제 위기와 국제 통화 기금(IMF)

1970년대 전세계에 걸쳐 두 번이나 석유값이 크게 올라 우리 나라 경제에 큰 어려움을 주었어요. 1990년대 이후에 우리 나라 산업은 3차 산업 중심으로 바뀌어 선진국 산업 형태와 같은 산업 구조를 갖추었어요. 자연스럽게 다른 나라와 교역이 크게 늘어났어요. 그러나 1997년 적자가 계속되어 외환 위기를 겪게 되어 수입과 수출이 어려워졌어요. 다른 나라에서 일어난 외환 위기의 영향도 받았지만 정부가 미처 대비를 못한 데다가 기업들은 무질서하게 기업을 키우는 데만 신경 쓰느라 내실을 다지지 못했어요. 또 외국인들은 우리 나라에 투자한 돈을 한꺼번에 찾아가 외화가 크게 부족해졌어요. 기업마다 규모를 줄이거나 문을 닫았어요. 많은 사람들이 직장을 잃거나 월급을 받지 못했어요. 당연히 가계 소득도 줄어 생활하기가 힘들어졌어요.

우리 나라 정부는 1997년 11월 국제 통화 기금에 도움을 신청하였어요. 국제 통화 기금은 가입 회원국 중 다른 나라와 거래에서 적자를 크게 보는 나라에 돈을 빌려 주는 기구예요. 우리 나라는 총 583억 달러를 지원받기로 하여 어려운 고비를 넘겼어요. 정부와 기업, 국민은 한 마음으로 경제 위기를 이겨 내려고 노력하였어요. 정부와 기업은 구조 조정을 하여 효율적인 경영을 꾀하였고, 빚을 줄이는 데 힘을 기울였어요. 정부는 특히 일자리를 잃은 사람들에게 일자리를 제공하려고 노력하고, 국민들은 금모으기, 교복 물려주기, 근검 절약 운동을 벌였어요.

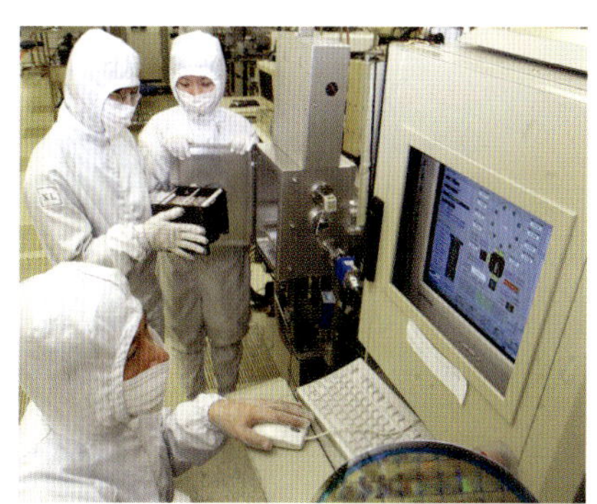

▲ **1990년대 주요 산업** 우리 나라 1990년대에는 컴퓨터 및 반도체 산업, 정보 통신 산업, 항공기 산업이 발달했습니다. 이러한 분야는 지금도 계속 발달하고 있습니다.

▲ **금모으기** 우리 나라가 1997년 외환 위기를 겪자 국민들이 스스로 금모으기 운동에 참여했습니다.